Linda O'Bryan und Hans Zaglitsch

Mundo Maya

Die Welt der Maya in Mittelamerika

PANORAMA

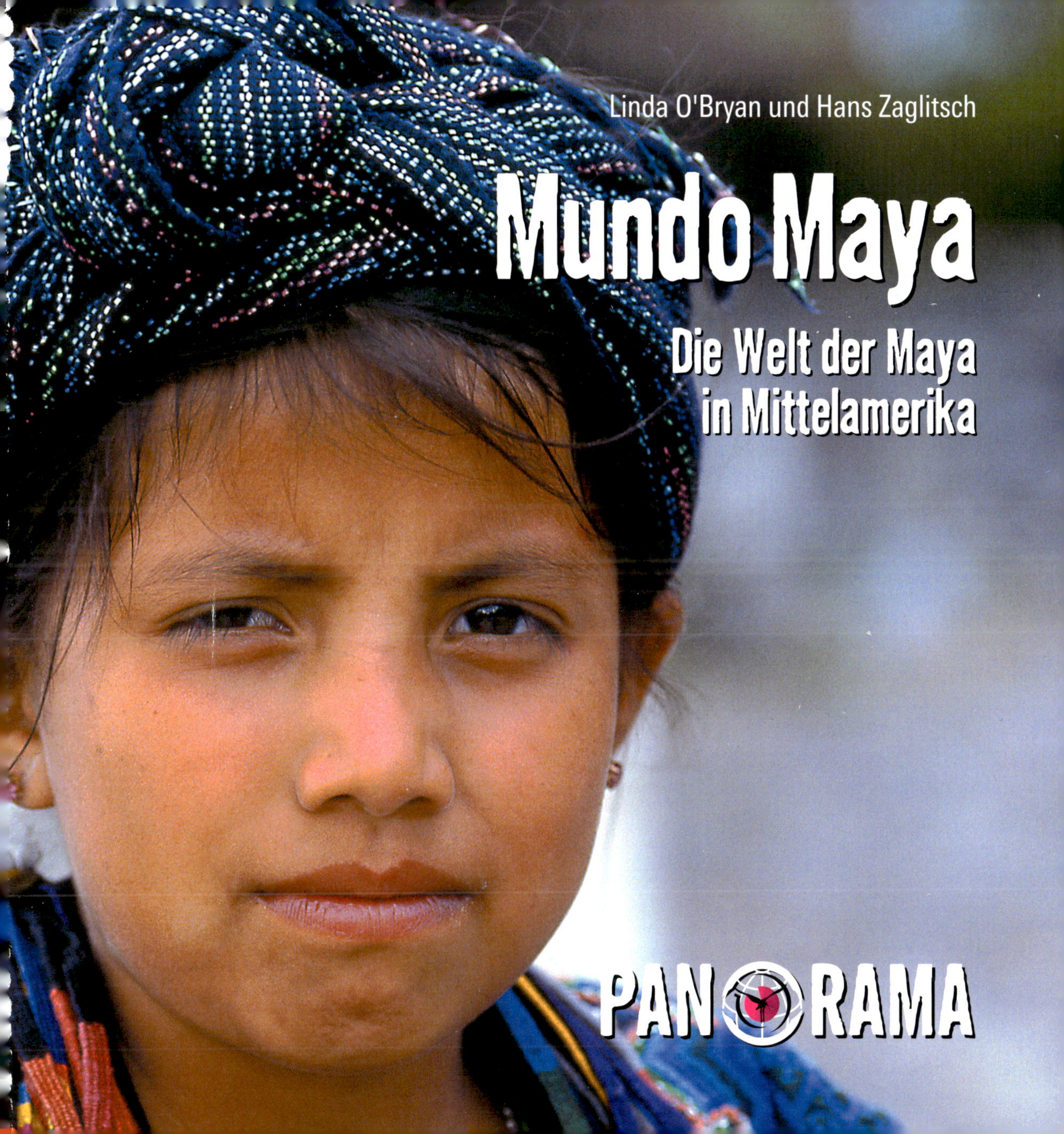

6 MEXIKO: YUCATÁN

42 MEXIKO: CAMPECHE

62 MEXIKO: CHIAPAS

86 GUATEMALA

112
HONDURAS

128
BELIZE

Impressum:

Linda O'Bryan und Hans Zaglitsch

PANORAMA
MUNDO MAYA

erschienen im
Reise Know-How Verlag Peter Rump GmbH
Osnabrücker Str. 79, 33649 Bielefeld

ISBN 978-3-8317-1611-1

1. Auflage 2008

– Printed in Germany –

Gestaltung und Herstellung
Umschlag: Carsten C. Blind, Asperg
Inhalt: Carsten C. Blind, Asperg
Druck: Wilhelm & Adam, Heusenstamm
Fotos: Hans Zaglitsch – FotoZ, Niederlande (www.fotoz.nl)
Text: Linda O'Bryan

Dieses Buch ist erhältlich in jeder Buchhandlung in Deutschland, Österreich, der Schweiz, Niederlande und Belgien. Bitte informieren Sie Ihren Buchhändler über folgende Bezugsadressen:

D: PROLIT GmbH, Postfach 9, 35461 Fernwald
(sowie alle Barsortimente)
CH: AVA-buch 2000, Postfach 27, CH-8910 Affoltern
A: Mohr Morawa Buchvertrieb GmbH, Postfach 260, A-1011 Wien
Niederlande, Belgien: Willems Adventure, www.willemsadventure.nl

Wer im Buchhandel trotzdem kein Glück hat, bekommt unsere Bücher auch über unseren Büchershop im Internet:

www.reise-know-how.de

Vorwort

Liebe Maya-Fans,

El Mundo Maya – die Welt der Maya – verspricht eine abenteuerliche Entdeckungsreise zu mysteriösen Monumenten inmitten tropischer Landschaften. Beim Besteigen einer steilen Pyramide oder dem Anblick eines lebensgroßen steinernen Mayakönigs kann man sich wie Indiana Jones fühlen.

Die Welt der Maya weckt romantische Vorstellungen. Dies war bereits im 19. Jahrhundert so, als sich die ersten Forscher ihren Weg durch die noch unberührten Regionen Zentralamerikas bahnten. Die Reiseberichte und Zeichnungen des Pioniers John Lloyd Stephens und seines Begleiters Frederick Catherwood inspirierten andere Forscher, Archäologen, Abenteurer und Touristen.

Dank des Einsatzes von Universitäten und verschiedenster Institutionen aus aller Welt konnten mittlerweile zahlreiche Mayastätten sorgfältig rekonstruiert werden. Dabei ist vor allem das Engagement der National Geographic Society hervorzuheben, die sich schon seit Jahrzehnten an Ausgrabungen und Forschungsprojekten beteiligt. Aus ihren Reportagen ging auch der Begriff „Mundo Maya" hervor, den mittlerweile sogar die Tourismusindustrie für ihre Zwecke nutzt.

El Mundo Maya erstreckt sich geografisch über vier Länder: Mexiko, Guatemala, Honduras und Belize. Alle diese Länder sind einfach zu bereisen und bieten jeweils einmalige Sehenswürdigkeiten, von denen viele sogar den Status eines UNESCO-Weltkulturerbes aufweisen, so z. B. Palenque, Uxmal, Chichén Itzá und das koloniale Städtchen Campeche in Mexiko, Copán in Honduras sowie die Ruinenstadt Tikal und das hübsche Bergstädtchen Antigua in Guatemala. Neben diesen architektonischen Höhepunkten bietet Belize sogar ein landschaftliches Weltnaturerbe: das vorgelagerte große Korallenriff. Ein erster Hinweis darauf, dass die Mundo Maya nicht nur als antikes Reich mit einzigartigem, kunsthistorischem Erbe aufgefasst werden darf. Mit ihren kleinen Städtchen mit beschaulichen, kolonialen Altstadtkernen haben auch die Spanier ihre Spuren in der Mayawelt hinterlassen. Und diese kann neben vielen kulturellen Highlights auch mit fantastischen Landschaften aufwarten: von den traumhaften Stränden an der Karibikküste bis zu den atemberaubenden Bergketten der Sierra Madre; von den Vulkanen im Hochland Guatemalas bis hinunter in die tropischen Regenwälder der Tiefebenen. Nicht zuletzt sind es jedoch die Menschen, die den eigentlichen Zauber der Mundo Maya ausmachen. Die Maya und ihre Kultur prägen bis heute das bunte Erscheinungsbild der Region.

Wir hoffen, dass es uns mit dem vorliegenden Bildband gelungen ist, diese faszinierende Vielfalt für Sie einzufangen. Die Bilder sollen die Vorfreude auf eine Reise durch die Mundo Maya wecken und schöne Erinnerungen wach halten.

Linda O'Bryan

MEXIKO: YUCATÁN

Chichén Itzá, Uxmal, Tulúm, Cobá, Kabáh, Labná: Die populärsten und schönsten Mayastätten befinden sich zweifelsohne in Yucatán. Im Hinterland der sonnigen Costa Maya mit ihren weißen Stränden und dem türkisblauen Meer erlebte die Mayakultur kurz vor ihrem Untergang um 900 n. Chr. noch mal eine letzte goldene Epoche. Der Wohlstand führte zur Errichtung zahlreicher Städte mit großen Plätzen, die von hohen Pyramiden umringt sind. Steile, Schwindel erregende Treppen führen zu den Tempeln hinauf. Groteske Masken und geometrische Motive verzieren die Bauwerke. Eine Reise durch Yucatán führt zu den Höhepunkten der Maya-Kunst und -Architektur.

Die Mayastätten Yucatáns sind gleichsam Orte der Schönheit und des Schreckens, bekannt vor allem auch wegen ihrer makabren Rituale: Hier fanden vor den Augen der tobenden Masse regelmäßig grausame Menschenopferungen statt. Blut sollte fließen, Blut für die Götter. Zu ihren Ehren rollten Köpfe oder den Opfern wurde gar bei vollem Bewusstsein das Herz aus dem Leib gerissen. Im Mittelpunkt der Zeremonien standen Chac, der Gott des Regens und der Elemente, und Kukulcán, bekannt als die gefiederte Schlange. Ihre Monumente findet man inmitten der rauen und wasserarmen Landschaft Yucatáns.

Der Zeitpunkt, an dem die Rituale stattfanden, wurde nicht dem Zufall überlassen, sondern von den Maya-Priestern mit Hilfe ihrer erstaunlich genauen Kalender bestimmt. Mit einem durch die Sonne hervorgerufenen, mysteriösen Licht- und Schattenspiel um den 21. März und den 21. September jeden Jahres ziehen einige dieser Mayatempel auch heute noch Touristenscharen in ihren Bann. Wenn möglich, sollte man am besten an diesen Tagen durch Yucatáns Mundo Maya reisen.

Die Ruinen von Tulúm verdanken ihren Charme vor allem ihrer reizvollen Lage am Karibischen Meer, oberhalb traumhafter Sandstrände.

Der Höhepunkt der Mayakultur war bereits vorbei, als Tulúm gebaut wurde. Das wichtigste Gebäude der Anlage ist der Haupttempel El Castillo.

Cobá besitzt eine der höchsten Maya-Pyramiden. Über steile Stufen führt der Weg zu einer grandiosen Aussicht in 42 m Höhe.

Chichén Itzá, El Castillo. Warten bis Licht und Schatten die Illusion erwecken, als ob die gefiederte Schlange Kukulcán die Treppe herunterkriecht. Jedes Jahr am 21. März und 21. September lockt dieses Schauspiel zigtausende Touristen an. Wer einen Tag später kommt, kann das Spektakel in aller Ruhe genießen.

Chichén Itzás Ballspielplatz erreicht fast die Ausmaße eines Fussballstadions. Gespielt wurde Pok-Ta-Pok, ein Ballspiel, bei dem es um Leben und Tod ging. Der Steinring diente als Tor und symbolisierte den Eingang in die Unterwelt.

Die Maya hatten ein besonderes Interesse an der Astronomie. Priester beobachteten den Sternenhimmel mit bloßem Auge, um Zeichen der Götter wahrzunehmen und diese zu deuten. In Chichén Itzá wurde speziell zu diesem Zweck ein Observatorium gebaut, das wegen seiner runden Form und seiner Wendeltreppe allgemein als El Caracol, das Schneckenhaus, bekannt ist. Das runde Gebäude ist einmalig in der Mayawelt.

Dzibilchaltún besitzt einen der wenigen Tempel mit Fenster. Zweimal jährlich fällt die Sonne genau durch das Ostfenster und sollte beim Volk den Eindruck erwecken, als betrete Kukulcán den Tempel.

Mexikanische Folkloretänzer in spanischer Tracht warten auf ihren Auftritt an der Plaza Central in Mérida.

adidas

Großer Kontrast: eine katholische Kapelle inmitten der Mayaruinen von Xtambú

Aké ist eine weitere versunkene Stadt. Die einzig restaurierte Ruine misst stolze 100 x 40 m und bestitz 36 kolossale Säulen, ein Hinweis auf die einstige Bedeutung Akés.

Mayapán, gegründet von einem Fürsten aus Chichén Itzá, war das letzte Bollwerk der Maya in Yucatán.

Bizarres Detail in Mayapán: Ah Puch, Gott des Todes und der Unterwelt. Seine Rippen symbolisieren die Vergänglichkeit des Menschen.

Die Mayastadt Uxmal beeindruckt durch ihren Umfang und ihre Bauwerke, die teilweise hoch über die Vegetation hinausragen.

Das Wahrzeichen Uxmals ist die 42 m hohe Pyramide des Zauberers. Die Treppe zum Pyramidentempel ist an beiden Seiten mit Masken des Regengottes Chaac verziert (kleines Bild).

Uxmals Nonnenkloster im dekorativen Puuc-Baustil, der seinen Namen von der gleichnamigen Region erhalten hat.

Ein weiterer Höhepunkt in der Puuc-Region ist Kabáh. Sein Haupttempel ist dem Regengott Chaac gewidmet und wird von stilisierten Masken geschmückt. Chaac ist am auffallenden Rüssel erkennbar (rechtes Bild).

El Arco: Labnás Torbogen ist einzigartig in der Mayawelt.

Eine antike Straße, sacbe, führt zu Labnás zweistöckigem Palast, geschmückt mit religiösen Symbolen. Blickfang ist ein Eckornament, worin die Götter Chaac und Kukulkán ihre Kräfte vereinen.

MEXIKO: CAMPECHE

Mexikos Mundo Maya überlaufen? Das ist allein schon wegen der Vielzahl an Mayastätten und deren Weitläufigkeit ausgeschlossen. Besonders ruhig und beschaulich geht es aber in Campeche zu, einer Region, die von vielen Touristen – sei es aus Zeitmangel oder wegen fehlender Informationen – ausgelassen wird. An den Sehenswürdigkeiten kann das jedenfalls nicht liegen. Das koloniale Zentrum der gleichnamigen Hauptstadt der Region steht unter Denkmalschutz und ist UNESCO-Weltkulturerbe. In Campeche beeindrucken zahlreiche Mayastätten mit ihren außergewöhnlichen Formen und besonders dekorativen Fassaden.

Im beschaulichen Campeche fühlt man sich als Tourist noch wie ein Entdeckungsreisender. Die Wege führen auf wenig begangenen Pfaden durch unberührte Wälder; Äste knacken und Blätter rascheln unter den Füßen, Schweißperlen stehen einem auf der Stirn. Man fühlt sich in die Zeit des John Lloyd Stephens zurückversetzt, des großen Erforschers der Maya-Ruinen. Wahrscheinlich ist es ihm im 19. Jahrhundert auf seinen Reisen durch Zentralamerika ebenso ergangen. Sich seinen Weg durch dichten Wald bahnend, entdeckt man plötzlich überwucherte Mauern, steile Stufen, geheimnisvolle Skulpturen. Stephens Reiseberichte, illustriert von wunderschönen Zeichnungen seines Begleiters Catherwood, begeistern bis heute Leser in aller Welt. Etwas von der Ursprünglichkeit von Stephens Mayawelt wird man in Campeche auch heute noch finden. Die abgeschiedene Lage von Chicanná, Hochob oder Hormiguero im unberührten Wald und die Stille rund herum machen aus dem Besuch ein echtes Abenteuer.

Stimmungsvolle Altstadt von Campeche

SALÓN RI

Die koloniale Vergangenheit ist in Campeche-Stadt vielerorts sichtbar.

Buntes Treiben während des jährlich stattfindenden Wasserkarnevals in Campeche-Stadt.

FUROR

Edzná ist die wichtigste Mayastadt in Campeche. Das Wahrzeichen ist El Edificio de los Cinco Pisos, das fünfstöckige Gebäude mit einer steilen Treppe zum Tempel.

Spanische Einflüsse finden sich sowohl in den Gesichtern der Menschen Campeches als auch in der Architektur und Religion

Das weit geöffnete Maul des kosmischen Monsters, wie hier in Chicanná, symbolisiert den Zugang zur Götterwelt. Die dekorative Fassade ist charakteristisch für den Chenes-Stil, der ausschließlich in Campeche anzutreffen ist.

Pyramidenpalast in Dzibilnocac: die klassische Mayapyramide ist auf einen niedrigen Turm reduziert, auf dem ein dekorativer Tempel thront.

Nach den Vorstellungen der Maya befand sich die Unterwelt, Xibalba genannt, im wahrsten Sinne des Wortes in unterirdischen Höhlen.

Die Maya betraten Xibalba, um die Götter der Unterwelt und die Ahnen zu ehren und ihnen Opfergaben zu bringen. Keramik, Wandmalereien und Rußflecken zeugen heute noch von diesen Ritualen.

MEXIKO: CHIAPAS

Bahía de Campeche
Ciudad del Carmen
Laguna de Términos
Escárcega
Campeche
Comalcalco
Tabasco
Cárdenas
Villahermosa
Teapa
Palenque
Tenosique
MEXIKO
Piedras Negras
Toniná
San Christóbal de las Casas
Tuxtla Gutiérrez
Yaxchilán
La Libertad
Bonampak
Chiapas
Dos Pilas
Altar de Sacrificios
Aguateca
Arriagá
Comitán
Presa de la Angostura
GUATEMALA
3993
Cobán
Zaculeu
Golfo de Tehuantepec
Tajumulco 4220
Chichicastenango
Mixco Viejo
Utatlán
San Marcos
Tapachula
Iximché
Quezaltenango
Antigua
Ciudad de Guatemala
100 km
Sehenswerte Ruinenstätten
Retalhuleu
Lago de Atitlán

Die antike Mayastadt Palenque war jahrhundertelang vom Regenwald verschlungen, bis John Lloyd Stephens die Ruinen im 19. Jahrhundert entdeckte. Heute gehört sie zu den Topattraktionen in der Mundo Maya.

Die Kombination von Natur und Architektur, von tropischer Hitze und mysteriösen Ruinen machen den Reiz Palenques aus.

Chiapas verzaubert! Besucher schwärmen von der kontrastreichen Landschaft und ihrer stolzen Bevölkerung. Die Region, fernab vom Karibischen Meer und seinen Stränden, ist einerseits durch ihre feuchtheiße Tiefebene, andererseits durch das kühle Hochland gekennzeichnet. Üppiggrüner, tropischer Regenwald mit erfrischenden Wasserfällen beherrscht die Ebene. Ein unbestimmter Duft der Tropen liegt in der Luft. In diesem wunderschönen Teil der Mundo Maya liegt Palenque, weltberühmte Mayastadt und ein Muss für jeden Reisenden. Ihre Lage im Regenwald, ihre enorme Ausdehnung und das Grab ihres legendären Königs Pakal im Herzen des Pyramidentempels mit seinen kostbaren Grabbeigaben sind einfach überwältigend.

Einzigartig sind auch die alten Wandmalereien in der Mayastätte Bonampak, voller Farben und mit ansprechenden Szenen aus dem Leben der Mayafürsten. Bonampak erstreckt sich abseits der bewohnten Welt tief in den Regenwald hinein. Hier, in der Nähe der mysteriösen Mayastätte Yaxchilán, die am Ufer des Usumancinta liegt, sind Natur und Kultur noch im Einklang.

Von Chiapas' tropisch heißer Tiefebene setzt sich die Route durch die Mayawelt weiter bergwärts zur Sierra Madre fort. Ihr frühlingshaftes Klima ist eine willkommene Abwechslung. Ziel ist San Cristóbal de las Casas, eines der schönsten Städtchen der Mundo Maya. Die Mischung aus kolonialer Architektur und Mayatraditionen gibt der Kleinstadt ihren besonderen Reiz. In keiner anderen mexikanischen Stadt treten die heutigen Maya so auffällig in Erscheinung wie in San Cristóbal.

Tief im Templo de los Inscriptiones, dem Tempel der Inschriften, fand man das Prunkgrab eines der bedeutendsten Könige von Palenque: Pacal (Bild rechts). Damit war erstmals deutlich, dass die Maya Pyramiden für ihre Herrscher bauten, so wie die Ägypter.

Im Herzen Palenques liegt der Palast mit zahlreichen Räumen und Innenhöfen, die mit Hieroglyphen und Porträts der Fürsten verziert sind. Ob der Turm als Wachturm oder als Observatorium diente, ist unklar.

Am Río Usumacinta, dem Grenzfluss zwischen Mexiko und Guatemala, liegen die Boote bereit. Stromaufwärts geht es nach Tikal, stromabwärts nach Yaxchilán.

YAXCHILAN
BETHEL.N.9

Durch ein Gebäude mit einem Wirrwarr aus Gängen, allgemein bekannt als das Labyrinth, betritt man Yaxchilán, die Stadt der Frauen. Von Hieroglyphen und Stelen (links im Bild) ist bekannt, dass hier ausnahmsweise auch Königinnen regiert haben.

Inmitten des Regenwaldes von Chiapas erhebt sich die Akropolis von Bonampak, ein Komplex aus breiten Stufen und Plattformen mit kleinen Tempeln und Stelen.

In Bonampak sind einzigartige Wandmalereien erhalten geblieben. Gezeigt werden Szenen aus dem Leben der Maya, wie hier die feierliche Zeremonie zu Ehren des Königs.

Vor der barocken Kathedrale der Bergstadt San Cristóbal de las Casas verkaufen Mayafrauen ihre handgefertigen Souvenirs.

Die Mischung aus spanischer Architektur und indianischen Traditionen gibt San Cristóbal de las Casas seinen besonderen Reiz.

EBOLI
TENIS
FUROR
GUESS
LEVI'S
PIEL

Der schon seit Jahrhunderten verwendete Mayawebstuhl wird um die Hüfte befestigt.

Palenque
Tenosique
El Mirador
Nabke
Uaxactún
Lamanai
Belize
BELIZE
Tikal
Naranjo
Belmopan
Dangriga
Piedras Negras
Toniná
Yaxchilán
La Libertad
Flores
Xunantunich
Bonampak
Dolores
Caracol
Dos Pilas
El Ceibal
MEXIKO
Altar de Sacrificios
Aguateca
Nim Li Punit
Comitán
San Luis
Punta Gorda
Puerto Barrios
GUATEMALA
Lago Izabal
3993
Cobán
Tapachula
Zaculeu
Quiriguá
Tajumulco 4220
Chichi-castenango
Mixco Viejo
Utatlán
Copán
San Marcos
Santa Rosa de Copan
Quezal-tenango
Iximché
Antigua
Ciudad de Guatemala
Lago de Atitlán
HONDURAS
Retalhuleu
Mazatenango
Santa Ana
EL SALVADOR
Tazumal
100 km
San Salvador

GUATEMALA

Goldgelb, azurblau, hellrot – Guatemala ist ein Fest der Farben. Mütter in handgewebten Blusen und Röcken mit ihren Babys in bunten Umschlagtüchern auf dem Rücken und ältere Frauen mit verwitterten Gesichtern unter farbigem Kopfschmuck beherrschen das Straßenbild. Die Muster der Blusen, der Schmuck, die Gesichter, sie alle zeigen erstaunliche Übereinstimmungen mit den jahrhundertealten Abbildungen an den Mayaruinen.

Guatemala ist das Land der Maya. Hier bilden sie noch die Mehrheit der Bevölkerung. Die heute lebenden Maya sprechen verschiedene Sprachen. Äußerlich sichtbar werden die regionalen Unterschiede in den Trachten. Für die Motive, Farben und Webtechniken wird auch heute noch auf alte Mayatraditionen zurückgegriffen.

Die Kleidung der Mayafrauen hat sich mittlerweile zu einem Symbol entwickelt, einem Zeichen des Selbstbewusstseins der Indigenas, und wird auf internationaler Bühne präsentiert von Rigoberta Menchú. Die Aktivistin, die für ihren Einsatz für die Rechte der Maya mit dem Friedensnobelpreis ausgezeichnet wurde, zeigt sich gern in einer farbenprächtigen, handgewebten Bluse mit traditionellem Rock. Ihr Auftritt hinterlässt bei vielen Menschen einen tiefen Eindruck der einzigartigen Frau und ihres Heimatlandes.

Auch Guatemalas facettenreiche Landschaften beeindrucken: vom kühlen Hochgebirge mit aktiven Vulkanen und kolonialen Kleinstädten bis hinunter ins feuchtwarme Tiefland, wo inmitten des tropischen Regenwaldes die Mayastadt Tikal mit den höchsten Pyramiden der Mundo Maya aufwartet.

Eine Straßenhändlerin hat vor der alten Universität in Antigua eine gute Verkaufsstelle für ihre landestypischen, handgewebtenTextilien gefunden.

Huipiles, handgewebte Blusen, sind wegen ihrer bunten Farben und vielseitigen Muster beliebte Souvenirs und werden sogar "second hand" angeboten.

Am Lago de Atitlán, einem idyllischen Bergsee, erheben sich die Vulkane San Pedro (rechts), Tolimá (links) und Atitlán (dahinter).

CRUCERO

Jedes Dorf hat seine eigene Tracht mit unterschiedlichen Mustern und Farben. Die abstrakten Muster gehen auf alte Mayatraditionen zurück, die Blumenmotive stammen aus der spanischen Kolonialzeit.

Alte Schulbusse, großteils aus den USA, dienen als regionale Transportmittel.

Mikrowirtschaft: verkauft wird fast alles und überall.

Mayatraditionen haben innerhalb der katholischen Kirche überlebt. Der Kirchenbesuch in Chichicastenango wird mit Rauch, Feuer, Musik und Tanz begleitet.

Mischung aus Katholizismus und Mayareligion: einerseits die Verehrung der Heiligen, andererseits der Glaube an Naturkräfte, symbolisiert durch Masken.

Guatemalas Aushängeschild: die Mayametropole Tikal, tief im Regenwald des Petén gelegen

Die Gran Plaza von Tikal mit dem Tempel II (links), der Akropolis (Mitte) und dem Tempel des Großen Jaguars (rechts).

Bauern aus der Region bieten ihre Produkte auf dem überdachten Markt von Chichicastenango an.

REY
EXIJA
REY
EXIJA
REY
REY

Farben und Düfte von den Märkten Guatemalas hinterlassen unvergessliche Erinnerungen.

PALO

HONDURAS

El Ceibal
Aguateca
Nim Li Punit
San Luis
Runta Gorda
Sehenswerte Ruinenstätten
Puerto Barrios
La Ceiba
GUATEMALA
Lago Izabal
San Pedro Sula
Cobán
Quiriguá
Copán
Santa Rosa de Copan
HONDURAS
Ciudad de Guatemala
Comayagua
Santa Ana
Tegucigalpa
Tazumal
EL SALVADOR
San Salvador
Miguel
Somoto
100 km

Steinaltar mit Porträts von Fürsten in der Mayastadt Copán.

Copán lockt die Entdeckungsreisenden nach Honduras, in die südöstlichste Region der Mundo Maya. Dieser Ort wird als einer der kulturellen Höhepunkte der Mayawelt betrachtet und in einem Atemzug mit Chichén Itzá, Uxmal, Palenque und Tikal genannt. Aber Copán ist anders als die historischen Stätten in Mexiko und Guatemala. In Honduras stehen keine großartigen Paläste oder Tempel im Mittelpunkt. Hier ist es die Kunst der Maya und nicht ihre Architektur, die besticht.

Copán präsentiert sich wie ein hübscher Kunstgarten. Frei stehende Stelen erheben sich am großen Platz vor dem Hintergrund des tropischen Regenwaldes. Die Säulen sind Bildhauerwerke von höchstem Niveau und zeigen lebensgroße, äußerst realistisch abgebildete Mayakönige. Die Gesichter, der Kopfschmuck, das fürstliche Gewand sowie die Machtsymbole sind deutlich zu erkennen und von beeindruckender Kunstfertigkeit. Umgeben von der Natur steht man in Copán plötzlich Auge in Auge den stolzen, alten Mayakönigen gegenüber. Und die Monarchen bleiben nicht anonym. Hieroglyphen auf der Rückseite oder der Seite der Stelen erwähnen ihre Namen wie Yax-Kuk-Mo oder Yax-Pac. Diese Fantasie anregenden Namen, die sich mit „Blauer-Quetzal-Papagei" oder „Aufgehende Sonne" übersetzen lassen, verstärken die mysteriöse Atmosphäre, die über ganz Copán schwebt.

Hieroglyphen wurden auch an den Tempelmauern und auf den Stufen an der Hauptpyramide gefunden. Mit dieser faszinierenden Bilderschrift wurden das Leben und die Heldentaten der Fürsten aufgezeichnet. Copán war demnach nicht nur eine Stadt der Mayakönige, sondern auch ein Zentrum der Mayakünstler.

Der Ballspielplatz von Copán ist mit Papageienköpfen geschmückt. Den Papagei betrachteten die Maya als Feuer- oder Sonnenvogel, der den Sonnengott symbolisiert.

Stelen sind Geschichte in Stein: die Monumente der legendären Könige 18 Kaninchen (großes Bild), des Yax-Pax (Aufgehende Sonne, links oben), und des Butz Chan (Rauchschlange, links unten).

Für die Maya waren die Stelen versteinerte Bäume (tetun). Die ca. 2 m hohen Stelen zeigen Könige in vollem Ornat. Hieroglyphen an der Rückseite erwähnen den Namen und Ereignisse aus dem Leben des Monarchen.

Altarstein mit zweiköpfigem Monster mit geöffnetem Maul, aus dem ein Gott hervorkommt (kleines Bild)

Templo de los Inscriptiones. Copáns Bauwerke sind über und über mit Hieroglyphen versehen.

Wie farbenfroh die Maya-Bauwerke waren, kam erst 1989 ans Licht, als bei Ausgrabungen in Copán innerhalb einer Pyramide ein älterer Tempel mit bunten Stuckfassaden zum Vorschein kam.

Chicanná
Chetumal
Banco Chinchorro
Nah Mul
Calakmul
Orange Walk
Sehenswerte Ruinenstätten
Altun Ha
Lamanai
100 km
Nabke
Belize
Uaxactún
Belmopan
BELIZE
Naranjo
Tikal
Xunantunich
Dangriga
Golf von Honduras
Caracol
Dolores
Nim Li Punit
San Luis
Runta Gorda
Puerto Barrios
La Ceiba
GUATEMALA
Lago Izabal
San Pedro Sula
Quiriguá
HONDURAS
Santa Rosa de Copan
Copán

BELIZE

Karibisches Flair und Traumstrände auf den Koralleninseln von Belize.

Relax! – das ist Belize. Entspannen am Sandstrand mit beschwingten Karibikmelodien im Hintergrund und einem Imbiss mit frischen Langusten und Kokosreis aus „Mamas Küche". Belize ist ein Außenseiter in Zentralamerika und als einziges Land in dieser Region durch und durch karibisch geprägt. Statt des Spanischs der Nachbarstaaten erklingt im kleinsten Land der Mundo Maya Karibik-Englisch. Das hat historische Gründe: Belize war bis 1981 britische Kolonie. Die Mehrheit der Bevölkerung kam gegen Ende des 19. Jahrhunderts von den Karibikinseln, wie etwa Barbados, als Plantagenarbeiter nach Belize. Nur wenige von ihnen sind zurückgekehrt.

Als karibisch lässt sich auch Belizes Landschaft umschreiben. Palmenstrände wie aus der Werbung sind die Hauptattraktion und vor allem auf den vorgelagerten Koralleninseln zu finden. Im türkisblauen Karibischen Meer, wo heute schnelle Wassertaxis fahren, paddelten vor Jahrhunderten die Maya in ihren Kanus, beladen mit Salz, Fisch, Holz und der kostbaren grünen Jade. Belize fungierte als Bindeglied auf der Handelsroute zwischen den Mayastädten in Mexiko und Guatemala.

Die Küstenlandschaft scheint fast unverändert geblieben zu sein. Viele Besucher werden von der unberührten Natur Belizes angezogen. Mayastätten liegen inmitten dieser überwiegend noch sich selbst überlassenen Landschaft, meist im schwer zugänglichen tropischen Regenwald. Die Strapazen der Anreise und die Begegnungen mit exotischen Tieren sind ein fast größeres Abenteuer als der Besuch der Mayaruinen selbst.

Teilweise restauriertes Stuckwerk an der Hauptpyramide in Xunantunich, das den Sonnengott darstellt.

Archäologen bei der Arbeit in Belize

Xunantunich, die Versteinerte Frau, ist eine der am besten erhaltenen Mayaruinen im Land.

Reisen in Belize kann abenteuerlich sein.

Natur pur steht in Belize im Vordergrund – im dünn besiedelten Land leben noch Tierarten wie der Jaguar (links) und der Blue Morpho (rechts).

Alltag am Flussufer …

Sehenswerte Ruinenstätten
100 km
GOLF VON MEXIKO
Bahía de Campeche
Golfo de Tehuantepec
PAZIFISCHER OZEAN
Golf von Honduras
Cabo Catoche
Río Lagartos
Xtambú
Progreso
Tizimín
Cancún
Dzibilchaltún
Aké
Mérida
Yucatán
Valladolid
Oxkintoc
Mayapán
Chichén Itzá
Cobá
San Gervasio
Isla de Cozumel
Uxmal
Kabáh
Sayil
Labná
Tulum
Campeche
Hopelchén
Felipe C. Puerto
Edzná
Dzibilnocac
Chunhuhux
Champotón
Quintana Roo
Campeche
MEXIKO
Ciudad del Carmen
Laguna de Términos
Escárcega
Chetumal
Banco Chinchorro
Comalcalco
Chicanná
Nah Mul
Coatzacoalcos
Tabasco
Orange Walk
Cárdenas
Villahermosa
Calakmul
Minatitlan
Altun Ha
Lamanai
Veracruz
El Mirador
Teapa
Nabke
Belize
Uaxactún
Palenque
Tenosique
Belmopan
Tikal
Naranjo
BELIZE
Piedras Negras
Oaxaca
Toniná
Yaxchilán
La Libertad
Flores
Xunantunich
Dangriga
Tuxtla Gutiérrez
San Christóbal de las Casas
Dolores
Caracol
Juchitan
Bonampak
Dos Pilas
El Ceibal
Chiapas
Altar de Sacrificios
Aguateca
Nim Li Punit
Arriagá
Comitán
San Luis
Runta Gorda
Puerto Barrios
La Ceiba
Presa de la Angostura
GUATEMALA
Lago Izabal
3993
San Pedro Sula
Cobán
Zaculeu
Quiriguá
Tajumulco 4220
Chichi-castenango
Mixco Viejo
Utatlán
Copán
Santa Rosa de Copan
HONDURAS
Tapachula
San Marcos
Iximché
Quezaltenango
Antigua
Ciudad de Guatemala
Lago de Atitlán
Retalhuleu
Mazatenango
Comayagua
Santa Ana
Tegucigalpa
Tazumal
EL SALVADOR
San Salvador
Miguel
Somoto
92°
88°
20°
15°

Die Autorin und der Fotograf

Das niederländisch-österreichische Reisejournalisten-Duo Linda O´Bryan und Hans Zaglitsch zieht es seit den 1980er Jahren immer wieder nach Zentral- und Südamerika, wo Lindas Wurzeln liegen. Mit ihren Publikationen, unter anderem über Panama, Venezuela, Costa Rica und die Maya-Welt, versuchen sie, ihre Liebe und Faszination für das temperamentvolle und kontrastreiche Lateinamerika auf andere Reisende zu übertragen. Für den vorliegenden PANORAMA-Bildband haben sie mehrere Reisen durch die Mundo Maya unternommen.

Linda und Hans lernten sich 1989 auf Reisen kennen, sind seit 1998 verheiratet und leben derzeit in den Niederlanden. Sie arbeiteten gemeinsam an diversen Reiseführern, Bildbänden und Reportagen für in- und ausländische Verlage. Bis heute sind rund 20 Bücher von ihnen publiziert worden, großteils über spanischsprachige Länder und Regionen, die ihnen besonders am Herzen liegen.

Neben ihrer Tätigkeit als Reisejournalistin arbeitet Linda auch als Übersetzerin Deutsch-Niederländisch und gibt Sprachkurse. Hans hat sich als Reisefotograf einen Namen gemacht. Seine Fotos werden weltweit über nationale und internationale Bilddatenbanken und Fotoagenturen vertrieben.

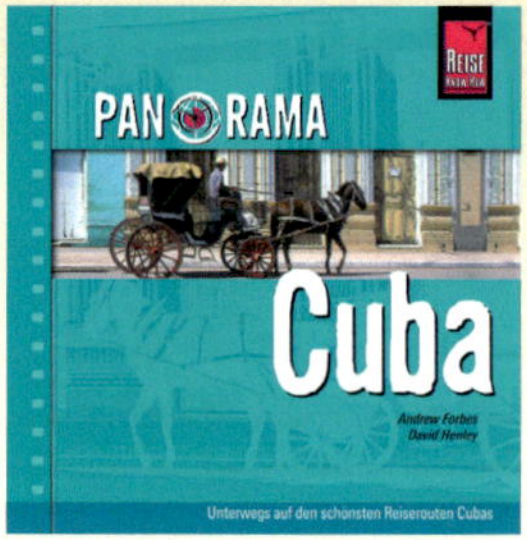

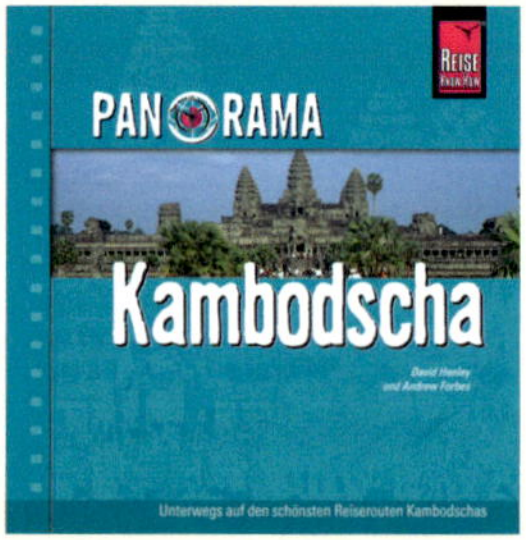

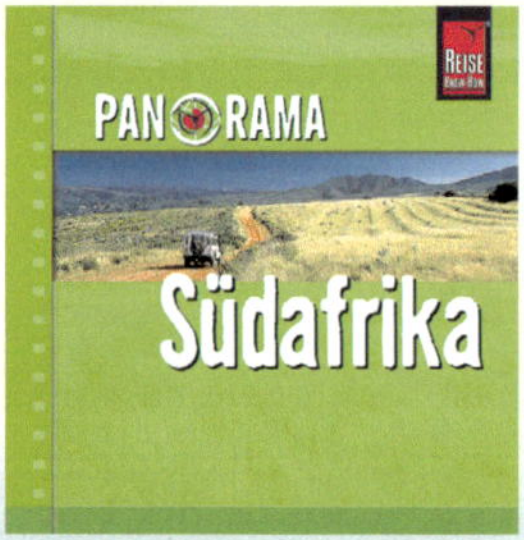

Mit PANORAMA neuen Horizonten entgegen

Außergewöhnliche Bilder, lebendige Anekdoten und hautnahe Einblicke wecken Erinnerungen oder Vorfreude auf ein Reiseland. PANORAMA präsentiert sich im handlichen, quadratischen Format (18x18 cm, Hardcover mit Fadenheftung) und luftigen Layout, mit atemberaubenden Landschaften, Land & Leute …

Bislang sind erschienen:

Andrew Forbes & David Henley
PANORAMA Cuba
ISBN 978-3-8317-1519-0 · € 14,90 [D]

Andrew Forbes & David Henley
PANORAMA Kambodscha
ISBN 978-3-8317-1610-4 · € 14,90 [D]

Elke & Dieter Losskarn
PANORAMA Südafrika
ISBN 978-3-89662-347-8 · € 14,90 [D]

Andrew Forbes & David Henley
PANORAMA Tibet
ISBN 978-3-8317-1542-8 · € 14,90 [D]

Günter & Andrea Reindl
PANORAMA Australien
ISBN 978-3-89662-390-4 · € 14,90 [D]

Aaron Thaewchatturat & Tom Vater
PANORAMA Thailands Bergvölker und Seenomaden
ISBN 978-3-8317-1524-4 · € 14,90 [D]

Aaron Thaewchatturat & Tom Vater
PANORAMA Rajasthans Palasthotels
ISBN 978-3-8317-1601-2 · € 14,90 [D]

Hans Zaglitsch & Linda O'Bryan
PANORAMA Mundo Maya
ISBN 978-3-8317-1611-1 · € 14,90 [D]

Andrew Forbes & David Henley
PANORAMA Vietnam
ISBN 978-3-8317-1520-6 · € 14,90 [D]

Andrew Forbes & David Henley
PANORAMA Thailand
ISBN 978-3-8317-1609-8 · € 14,90 [D]

Weitere Titel in Vorbereitung

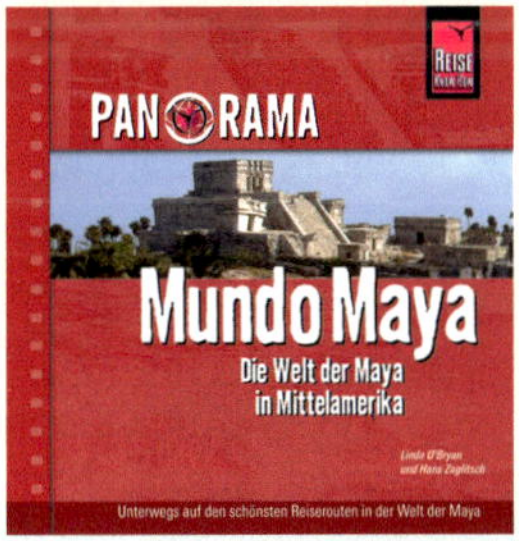

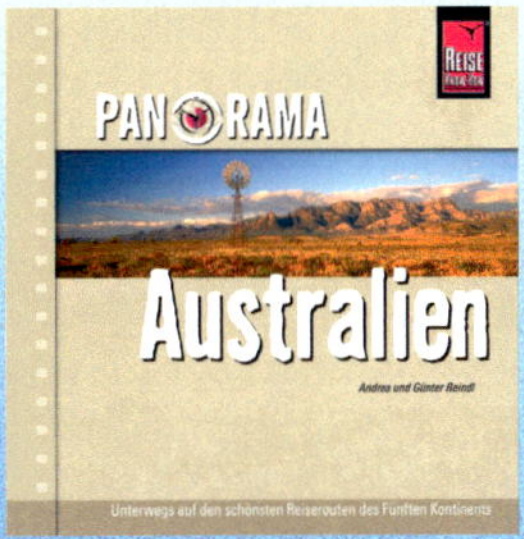

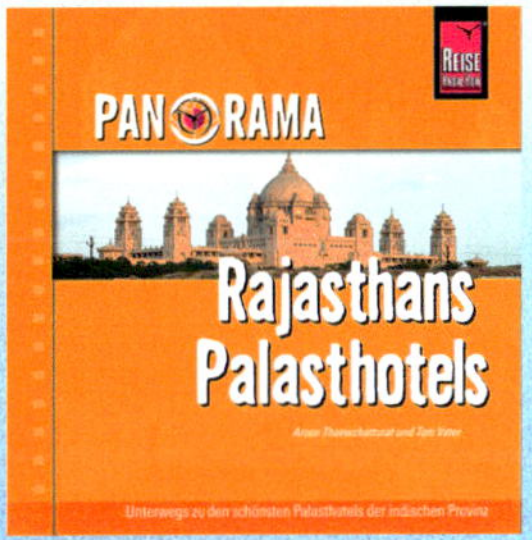

PANORAMA

MEXIKO ist mit unzähligen kulturellen Sehenswürdigkeiten, dem Nebeneinander von uralter Tradition und Modernität sowie facettenreicher Landschaft das besondere Reiseziel Mittelamerikas. Wenn man auf den Spuren alter Hochkulturen wandeln oder Land und Leute näher kennenlernen möchte, bewährt sich ein Reiseführer der Reihe REISE KNOW-HOW:

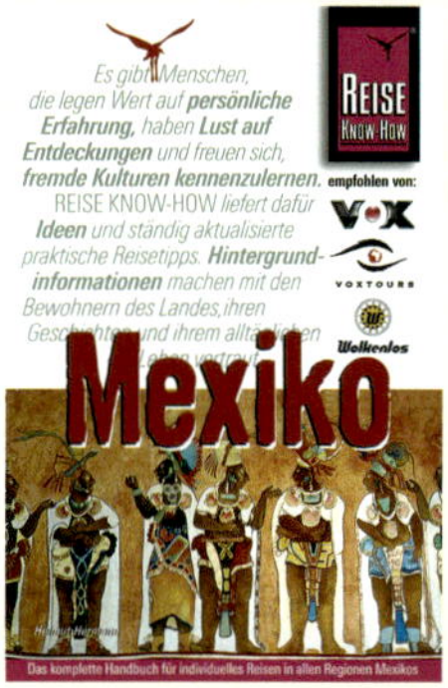

Mexiko Handbuch

Der komplette Reiseführer für individuelles Reisen und Entdecken:
900 Seiten, 100 Karten und Pläne, über 450 Abbildungen und Fotos, zusätzlich mit Kunst- und Kulturführer für die Welt der Maya.

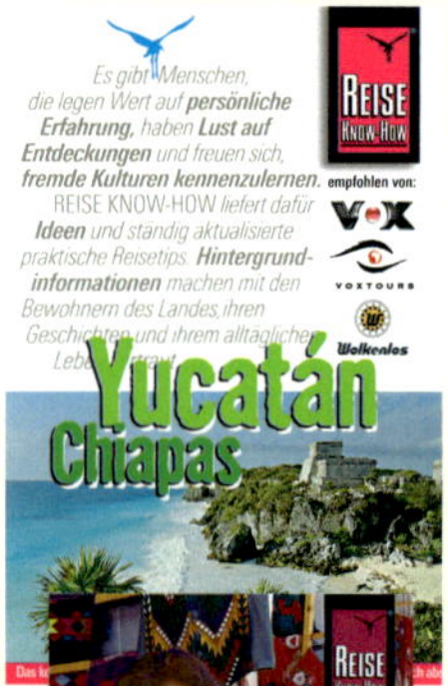

Mexiko kompakt

Der kompakte Reiseführer für organisiert Reisende:
360 Seiten, 44 Karten und Pläne, über 200 Abb. und Fotos.

Yucatán/Chiapas

Der komplette Reiseführer für individuelles Reisen und Entdecken für die Yucatán-Halbinsel und das Hochland von Chiapas: 432 Seiten, 40 Karten und Pläne, über 210 Abb. und Fotos.

Andere Länder – andere Sitten, andere Sprachen, andere Religionen. REISE KNOW-HOW liefert die Hintergrundinformationen und erklärt, wie die Menschen leben, was sie denken, wie sie sprechen und an was sie glauben. Die Reihe **KulturSchock** räumt Fettnäpfchen aus dem Weg, **Kauderwelsch** bietet einen einfachen Zugang zur Sprache und die Landkarten des **world mapping project** weisen den Weg.

KulturSchock Mexiko

Fundierte Informationen zum kulturellen Hintergrund. 240 Seiten, durchgehend illustriert.

Spanisch für Mexico – Wort für Wort

Der unkomplizierte Sprachführer, auch für Anfänger, 160 Seiten

Maya für Yucatán – Wort für Wort

Der unkomplizierte Sprachführer, auch für Anfänger, 192 Seiten

Mexico Slang – Wort für Wort

Der unkomplizierte Sprachführer, auch für Anfänger, 144 Seiten

Praxis – Maya-Kultur erleben

Der Praxis-Ratgeber um die Maya besser zu verstehen, 160 Seiten

Mexico 1:2.500.000

Detaillierte Landkarte aus dem world mapping project, auf unzerreißbarem Papier.

Yucatán 1:650.000

Detaillierte Landkarte aus dem world mapping project, auf unzerreißbarem Papier.

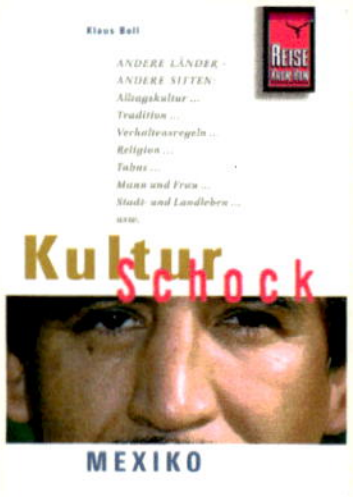

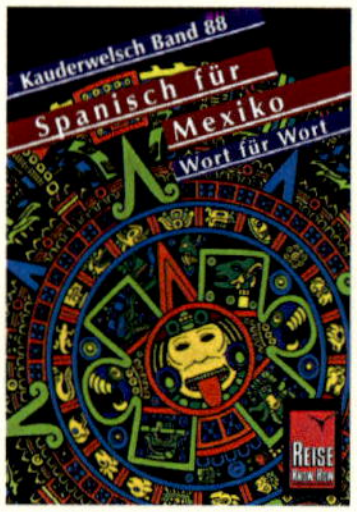

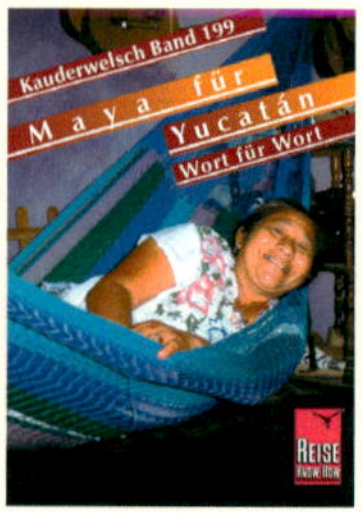

www.reise-know-how.de